SOCIÉTÉ HYPOTHÉCAIRE

DES

BOUCHES-DU-RHONE.

Séance annuelle du 11 Janvier 1844.

MARSEILLE.

TYPOGRAPHIE DES HOIRS FEISSAT AINÉ ET DEMONCHY,

RUE CANEBIÈRE, Nº 19.

1844.

SOCIÉTÉ HYPOTHÉCAIRE

DES BOUCHES-DU-RHONE.

———

Séance annuelle du 11 Janvier 1844.

SOCIÉTÉ HYPOTHÉCAIRE

DES BOUCHES-DU-RHONE.

Séance annuelle du 11 Janvier 1844.

Cejourd'hui 11 janvier 1844, à deux heures après midi, tous les Actionnaires fondateurs étant réunis au siége de la Société, la Séance est ouverte :

M. Charles ROULET est nommé Président ; M. DELUIL-MARTINY, secrétaire.

M. CLAPIER, au nom du Comité du Contentieux, fait le rapport suivant :

MESSIEURS ,

L'article 28 du réglement intérieur de notre Société déclare qu'il sera fait tous les ans à l'assemblée générale, par l'un des membres du comité du contentieux, un rapport sur la situation morale de la Société.

C'est ce devoir que je viens aujourd'hui remplir : votre comité du contentieux a pensé que ce rapport, à l'origine, réclamait quelques développements sur les principes et l'organisation de l'institution nouvelle et encore mal connue du public, que vous avez créée.

Telle est la pensée qui a présidé à ce travail.

Ce sera comme une sorte de préface et d'introduction aux rapports beaucoup plus sommaires que nous aurons à vous soumettre dans les années qui suivront.

Jusqu'à ce jour, les ressources du crédit n'ont été spécialement appliquées qu'aux opérations commerciales. Cependant, la pensée de les étendre à la propriété foncière n'a cessé d'occuper les esprits : le fameux Law en a, le premier, proclamé la convenance; Adam Smith, au contraire, l'a combattue. Au milieu de ces controverses théoriques, la Prusse créant sous le Grand Frédéric ses billets territoriaux (*pffand Brief*), a jeté dans la question le poids décisif d'une expérience heureusement accomplie.

En France, les essais n'ont pas manqué. En l'an VII fut fondée à Paris la *Banque Territoriale* ; conçue sur un plan défectueux, elle n'eut qu'une existence de courte durée.

La caisse des propriétaires, créée en 1814, n'obtint pas un meilleur sort.

La caisse hypothécaire, dernier essai tenté pour organiser en France le crédit immobilier, n'a pas eu plus de succès.

Instituée par ordonnance royale du 12 juillet 1820, au capital de 50 millions, dont la moitié environ a été réalisée, elle n'a jamais pu réussir, malgré ce capital énorme, à donner cours à ses obligations.

Cette caisse, opérant sur toute la France, fournissait sur hypothèque des fonds remboursables en 20 annuités, à l'intérêt de 4 p. % par an, sans décroissance, toutefois, à mesure des remboursements successifs.

Mais au lieu d'argent, elle fournissait à ses emprunteurs ses propres annuités, payables pareillement par vingtièmes et sur tirage au sort; ce n'était, à vrai dire , qu'un échange de papiers : pour donner crédit à ses annuités , la caisse s'engageait à les payer par anticipation moyennant 10 p. % d'escompte , et ce néanmoins dans les trois mois seulement de leur émission ; c'était inviter les porteurs à courir immédiatement au remboursement , c'est ce qui eut lieu. Tant que le fonds capital put fournir à ces remboursements, les opérations de la caisse continuèrent ; une fois le capital épuisé , elle fut contrainte de s'arrêter ; aujourd'hui elle n'existe plus que pour opérer le recouvrement des annuités souscrites à son profit par ses emprunteurs.

La création de la caisse hypothécaire ramena vivement l'attention publique sur la question long-temps débattue de l'organisation du crédit immobilier; quelques-uns déclarèrent cette organisation impossible , d'autres se contentèrent d'en signaler les difficultés et d'appeler de leurs vœux la solution de ce problème.

« La banque qui réaliserait nos vues, disait un écrivain de l'époque , serait à la fois foncière et de circulation ; par ses prêts successifs et proportionnés à la propriété, elle limiterait ses opérations ; elle rapprocherait le taux commercial du taux légal , et en faisant tomber celui-ci , donnerait à la propriété des moyens inespérés. Si jamais cette heureuse réunion des intérêts fonciers et commerciaux s'effectue , celui qui aura créé cette GRANDE CONCEPTION, fait réussir cette brillante et heureuse hypothèse , celui qui en aura surpris le secret , qui aura combiné les ressources de cette opération, aura donné une vie nouvelle au crédit, en aura assuré la puissance. Cet homme aura plus fait pour son pays que n'ont fait les auteurs des plus savantes découvertes. »

Ce problème jugé insoluble par quelques-uns, si difficile par quelques autres, (1) notre Société hypothécaire l'a-t-elle enfin résolu ? Sa création, les opérations importantes auxquelles elle s'est déjà livrée, la simplicité des combinaisons sur lesquelles elle repose, la régularité de sa marche, le crédit qu'elle obtient déjà, tout semble nous permettre de l'affirmer.

Pour apprécier la valeur de cette affirmation, il faut

(1) M. Dhauthuille, dans son ouvrage sur *La Révision du Régime Hypothécaire*, s'exprime ainsi : « Je n'entrerai point dans les difficultés que présente l'organisation des associations de crédit foncier ; ce n'est pas au législateur, c'est au génie industriel qu'il appartient de les aborder et de les vaincre ; on ne peut se dissimuler cependant que ces difficultés ne soient infiniment graves. Il faudra toujours à l'association intermédiaire entre les propriétaires et les capitalistes, un profit pour chaque opération, ou tout au moins une indemnité de ses frais ; où pourra-t-on trouver ce profit ? » M. Wolowski, qui a donné, dans la *Revue de Législation*, un projet de mobilisation du crédit immobilier, propose de prendre l'état pour intermédiaire entre les propriétaires et les capitalistes. M. Cieszrowski, dans son ouvrage sur *Le Crédit et la Circulation*, indique un système à peu près analogue. De l'ensemble de ces opinions, il résulte que tous les écrivains qui se sont occupés de la question ont reconnu, comme condition indispensable de l'organisation du crédit foncier, la nécessité de l'intervention d'un intermédiaire entre l'emprunteur et le capitaliste. Mais nul jusqu'à ce jour n'a su déterminer les conditions d'existence de cet intermédiaire; nul n'a su l'organiser, lui imprimer le mouvement, lui souffler la vie; la désignation de l'état comme devant remplir cette fonction est une chimère, c'est un aveu d'impuissance à rien organiser; notre société a prouvé, par son existence et par la régularité de sa marche, qu'elle réunit toutes les conditions pour remplir cette grande fonction sociale, que quelques écrivains ont jugée si importante qu'ils ont voulu l'élever à la hauteur d'une attribution gouvernementale : — Dans notre conviction, la solution du problème est complète : — Si nous ne nous faisons pas illusion, ce n'est pas une affaire qui aura été faite, c'est un service public qui aura été rendu au pays.

exposer en peu de mots les idées théoriques qui ont présidé à ses combinaisons , et les résultats pratiques qu'elle a déjà obtenus.

La principale difficulté d'une caisse hypothécaire , ce n'est pas de prêter, ni même de bien asseoir ses prêts; loin de là , rien n'est plus facile , en y apportant le soin convenable. Ce n'est jamais par la mauvaise assiette des prêts qu'ont failli les banques immobilières ; elles ont en général éprouvé peu de pertes. Une jurisprudence plus large en matière hypothécaire , une loi d'expropriation plus rapide, jointes à la valeur toujours croissante des propriétés , offrent aujourd'hui aux fonds engagés sur hypothèques les plus rassurantes garanties.

La difficulté capitale consiste à organiser un bon système de circulation. Le malaisé , ce n'est pas de vider le coffre, c'est de le remplir ; c'est d'y ramener les écus par le crédit, à mesure qu'ils s'en échappent par le prêt.

C'est là où toutes les banques hypothécaires ont échoué jusqu'à ce jour ; toutes ont su prêter leur capital , aucune n'a su le renouveler.

La solution de ce problème ne peut résulter que de l'appréciation exacte de tous les éléments qui constituent le crédit.

Jusqu'à ce jour il a été admis que le seul élément qui constitue le crédit, c'est la *sécurité*. On consent à prêter aujourd'hui , disent tous les économistes, parce qu'on a la certitude d'être remboursé plus tard. Au dire de la science , le taux de l'intérêt se mesure à cette sécurité; là où elle est complète , le taux de l'intérêt s'abaisse ; ce taux s'élève à mesure que la sécurité diminue.

C'est cette vue incomplète qui a induit à erreur tous les inventeurs de banques immobilières. Nos valeurs de circulation, ont-ils dit, ne peuvent manquer d'obtenir crédit, car elles reposent sur un gage qui offre la plus haute sécurité, le gage immobilier. Aussi, grand a été leur étonnement, quand l'expérience est venue chaque fois démentir cette prévision trompeuse de la science.

C'est qu'il est dans le crédit un autre élément dont nul jusqu'à ce jour n'a tenu compte, et qui exerce cependant sur tout système de circulation la plus haute influence : c'est le temps.

Le capitaliste qui consent à engager ses fonds à long terme, achète une propriété : l'homme qui résiste à l'attrait que la possession recèle, n'obéit qu'à une seule pensée, celle de conserver toujours son capital disponible.

S'il prête, il veut non-seulement avoir la certitude d'être remboursé, mais encore il veut l'être dans un temps limité.

Ainsi le crédit, et l'intérêt de l'argent qui en est l'expression, se mesurent non-seulement à la sécurité du prêt, mais encore à sa durée.

Le billet de banque remboursable à vue ne produit aucun intérêt.

Le billet commercial ou le bon du trésor, payables à 3 mois, se négocient, terme moyen, à 3 % par an.

Le prêt hypothécaire, dont la durée moyenne est de 3 ans, produit un intérêt de 5 %.

La constitution de rente, dont le remboursement est illimité, se négocie à 8 % par an.

Les fonds publics n'obtiennent un cours si élevé que parce qu'il y a un marché toujours ouvert, où l'on peut s'en défaire; qu'on ferme la bourse, et le 5 % tombe aussitôt en sous de 90 fr.

Sécurité, disponibilité, tels sont les deux éléments de tout système de crédit.

Le prêt hypothécaire offre le plus haut degré de sécurité.

Mais, tel qu'il est pratiqué jusqu'à ce jour, il lui manque le second élément : la disponibilité.

Le prêt hypothécaire se fait rarement pour moins de trois années ; à l'échéance son remboursement est souvent soumis à des formalités ; le prêteur qui veut céder son contrat dans l'intervalle ne rencontre pas toujours preneur à point nommé, il a des frais et des commissions d'entremise à supporter. La disponibilité du capital engagé hypothécairement se trouve gênée de toutes manières.

Le secret de toute circulation hypothécaire consiste donc à donner aux valeurs dont elle s'alimente le seul élément qui leur manque, la disponibilité. Dès lors le but que doit se proposer tout établissement destiné à organiser le crédit immobilier, c'est de rapprocher autant que possible le titre hypothécaire du titre commercial ; il faut pour cela que le titre hypothécaire subisse, entre ses mains, une sorte de transformation; il faut que tout en conservant son caractère, son essence et la sécurité qui s'y attache, ce titre acquière la souplesse, l'élasticité et surtout la courte échéance du billet commercial.

Là est le nœud du problème.

Or, tous ceux qui jusqu'à ce jour se sont occupés de

circulation hypothécaire ont attaqué la difficulté au rebours. Au lieu de se raccourcir, le titre hypothécaire s'est allongé dans leurs mains, témoin les annuités à 20 ans d'échéance de la caisse hypothécaire; il est facile de comprendre maintenant pourquoi elles ont échoué.

Notre Société s'y est pris tout à l'inverse ; tous ses efforts ont tendu à raccourcir le titre hypothécaire et à le rapprocher autant que possible, par sa forme et par sa durée, du titre commercial.

Voici par quelles combinaisons elle a essayé d'atteindre le but qu'elle s'est proposé.

Lorsque notre Société réalise un prêt, une obligation hypothécaire est souscrite par l'emprunteur. Mais cette obligation, au lieu d'être un titre direct et exclusivement au profit de notre Société, est une obligation à ordre, et transmissible par voie d'endossement : l'acte notarial en fait mention expresse.

Il est aujourd'hui de jurisprudence constante qu'une obligation pareille est valable, qu'elle peut se transmettre sans signification au débiteur, et que sa transmission transfère au preneur tous les droits hypothécaires qui y sont stipulés.

Cette première combinaison rend possible la circulation de l'obligation hypothécaire, sans être soumise au grave inconvénient de formalités coûteuses, et d'une perception successive de droits à chaque transmission.

Mais un acte notarié se prêterait mal à la circulation comme papier de crédit.

A titre d'ampliation et d'accessoire de l'obligation notariale, il est souscrit par l'emprunteur au profit de

la Société un ou plusieurs billets à ordre , formant ensemble une somme égale à celle portée en l'obligation
notariale ; ces billets sont mentionnés dans l'acte notarial et enregistrés simultanément ; ils ne forment pas
un titre nouveau , ce n'est qu'une dépendance, un ex-
trait, une sorte d'expédition abrégée du titre original
qui ne doit jamais sortir des mains de la Société.

Ce sont ces billets qui lui servent d'agent de circulation ; elle les transmet par voie d'endossement aux capitalistes qui désirent faire emploi de leurs fonds , et
pour garantir à ces capitalistes que, dans aucun cas,
l'hypothèque acquise à leur billet ne pourra leur échap-
per, il est stipulé dans l'acte notarial que la main levée
de l'inscription ne pourra avoir lieu qu'autant que ce
billet sera annexé à l'acte de radiation.

Au moyen de ces précautions , la garantie des preneurs de billets hypothécaires est complète; la désignation détaillée des billets dans l'acte notarial, et
leur enregistrement simultané avec cet acte, rendent
impossible toute frauduleuse émission ; la nécessité de
leur annexe à l'acte de main levée d'hypothèque, rend
impraticable toute radiation subreptice et concertée
avec le débiteur, au préjudice des tiers porteurs.

Ainsi dès son point de départ, la Société que vous
avez formée se distingue de tous les établissements
hypothécaires créés jusqu'à ce jour. Dans tous ces établissements, le titre hypothécaire était souscrit au profit
exclusif de la Société; pour alimenter leur circulation, ces
Sociétés se trouvaient dès lors contraintes d'émettre leurs
propres valeurs, valeurs sans contrôle et sans garantie.
La Société hypothécaire des Bouches-du-Rhône trans-

met, au contraire, au capitaliste, le titre direct souscrit par l'emprunteur ainsi que l'hypothèque qui s'y
attache; par ce moyen, le tiers-porteur devient titulaire
direct et exclusif de l'hypothèque, tout comme s'il eût
prêté directement; il a de plus la garantie de la Société.

Dans les autres établissements, en cas de liquidation
forcée, le capitaliste était obligé de suivre le sort de cette
liquidation, et de prendre son dividende dans la masse
commune.

Dans notre Société il ne peut jamais y avoir de masse
commune; chaque porteur de billet possède son hypothèque spéciale, son titre à part, ses garanties à part;
en cas de liquidation, le tiers-porteur aurait à se faire
rembourser au souscripteur du billet, à poursuivre la
réalisation de son hypothèque, sans s'inquiéter de ce
que deviendraient les affaires de la Société.

En un mot, dans tous les systèmes précédents, la
compagnie agissait comme emprunteur direct; notre
Société n'emprunte rien, elle ne met jamais sa signature en dehors, elle ne peut pas la mettre, sa constitution s'y oppose : elle intervient seulement entre l'emprunteur et le prêteur, comme agent et intermédiaire
responsable ; comme agent, elle prépare l'emprunt à
l'origine, elle en active la circulation pendant sa durée,
elle en opère le recouvrement à l'échéance; comme responsable, elle en garantit la solidité par son capital et
lui concilie ainsi le plus haut degré de sécurité auquel
puisse aspirer un papier de circulation.

La création du billet à ordre hypothécaire constitue
la base essentielle de toute organisation de crédit im-

mobilier, à savoir la mobilisation du prêt : (1) cette création atteint un autre résultat non moins important, son fractionnement.

Un des plus grands obstacles qui s'opposent, en l'état,

---

(1) L'auteur du traité *du Crédit et de la Circulation* a dit : « Le crédit « est la métamorphose des capitaux stables et engagés en capitaux circulants « et dégagés. » — Cette définition est complétement vraie ; notre société en est la traduction vivante et la réalisation matérielle. Le but de notre société est de convertir en capitaux disponibles des capitaux que leur immobilisation rend indisponibles pour leur propriétaire ; son résultat sera de donner une impulsion nouvelle à la circulation des valeurs, et comme la circulation est un des principaux éléments de la production, un grand progrès social aura été atteint par notre institution.

Le même auteur, après avoir démontré les inconvénients qui résultent du crédit qui ne repose sur rien, du crédit de pure anticipation sur l'avenir, ajoute : « Ce n'est pas ainsi que doit procéder le crédit normal, il n'y a que l'actualité et non l'espérance qui peut lui servir de base, il faut qu'il soit *adossé* à des réalités et non à des expectatives, il demande des hypothèques et non des hypothèses, il faut enfin que son point de départ possède un fonds solide et matériel. Ce fondement, ce point de départ, ce sont les valeurs réelles ; le procédé subséquent, c'est leur mobilisation, leur émission circulatoire... De même qu'on ne peut se procurer des produits qu'à l'aide d'autres produits, de même on ne peut aborder une opération capitale, qu'en étant soi-même muni de capital ; mais ce capital qu'on doit posséder peut se trouver engagé ou invalidé, il peut être aussi plus ou moins réalisable ; c'est alors que le crédit vient à son secours en le dégageant et en le rendant circulable. Si ce capital existe, de quelque manière que ce soit, le crédit saura le rendre éminemment apte à la circulation productive ; mais s'il n'existe pas, certes le crédit n'a pas le pouvoir de le créer, *ex nihilo nihil fit* : » Tout le système de l'auteur se réduit à ces mots, il n'y a de crédit quelconque, que là où il y a un gage matériel pour lui servir de garantie. Le crédit qui n'agit que comme anticipation de l'avenir n'est pas du crédit, c'est de l'agiotage. La fonction du crédit n'est pas de créer des valeurs, c'est seulement de rendre mobiles et circulables des valeurs déjà existantes, mais immobiles et fixes de leur nature. Toute la pensée de notre Société hypothécaire est résumée dans ce peu de mots, qui renferment la seule vraie théorie du crédit réel, en opposition au crédit d'agiotage et de circulation.

à la rapide transmission du titre hypothécaire, c'est sa nature trop lourde et trop compacte. Des titres de 20, 40 ou 100 mille francs, ne trouvent pas preneur à chaque instant du jour; par le moyen du billet hypothécaire, l'emprunt immobilier se fractionne dès l'origine en appoints variés et de chiffres restreints ; par là cet emprunt peut se plier à toutes les convenances, se mesurer à toutes les tailles, se classer dans tous les portefeuilles.

Ce premier pas fait, restait encore la grande difficulté de toute circulation hypothécaire, celle résultant de la longue échéance du titre. Voici comment elle a été résolue.

Notre Société, en négociant le billet hypothécaire souscrit à son profit, s'engage par une stipulation expresse de son endossement à devancer l'échéance stipulée par l'emprunteur, et à rembourser ce billet par anticipation au délai de trois, six, neuf mois, ou à tel autre délai stipulé de gré à gré avec le preneur.

Ce n'est pas là, qu'on le remarque bien, une novation au titre, c'est tout simplement une renonciation au bénéfice du terme, une anticipation de paiement; cette stipulation accessoire laisse le titre primitif intact et dans toute sa force à l'égard du souscripteur primitif.

Au moyen de cette stipulation, le titre hypothécaire devient pour le capitaliste une valeur à courte échéance, un papier dont le crédit se place naturellement au niveau de celui des meilleurs papiers de commerce, et qui dès lors doit jouir de la même faveur à l'escompte.

Cet escompte varie suivant les fluctuations de la place, mais il varie aussi suivant l'échéance plus ou moins rapprochée que réclame le preneur ; plus cette échéance est longue, plus l'agio est favorable au preneur ; le taux de l'escompte baisse, au contraire, en proportion de la courte durée stipulée pour le remboursement.

Quant aux difficultés de recouvrement, nos billets hypothécaires en sont complétement affranchis ; négociés avec la garantie de la Société, la Société les rembourse à l'échéance stipulée dans l'endossement, et se charge ensuite de les recouvrer pour son compte. Il en est de même des intérêts ; la Société les paie, soit par avance dans les négociations à court terme, soit à terme échu et sur coupons délivrés au moment de la négociation, lorsqu'elle est à longue échéance.

Si le preneur du billet est affranchi de toute sollicitude, la Société n'en éprouve pas davantage : les règles intérieures de son organisation, les précautions qu'elle prend, la surveillance constante de ses agents et de son comité du contentieux, une correspondance bien organisée lui rendent faciles des recouvrements qui ne doivent la plupart de leurs difficultés qu'à l'incurie et à la mollesse des prêteurs isolés. (1)

(1) Ce résultat se produit inévitablement toutes les fois que l'effort collectif remplace l'effort individuel, et qu'à l'isolement succède l'association : le prêt hypothécaire tel qu'il a été pratiqué jusqu'à aujourd'hui, c'est l'isolement, et par conséquent la faiblesse et l'imperfection. Le prêt hypothécaire tel que notre nouvelle institution l'organise, c'est l'association, c'est-à-dire, la force et le progrès. Considérée au point de vue des actionnaires, notre société n'est autre chose qu'une réunion de capitalistes, lesquels, au lieu de prêter isolément leurs fonds, se réunissent pour les prêter en commun, les surveiller en commun, les recouvrer en commun ; et, ainsi qu'il arrive toujours, cette communauté d'intérêts et cette simultanéité d'efforts double leur force et leur sécurité.

Ainsi le billet hypothécaire qui sert de base au sys_
tème de circulation de notre Société , réunit toutes les
conditions pour constituer une valeur de premier ordre.

Comme solidité, il offre une hypothèque en bon rang
dont le porteur du billet devient titulaire , la signature
de l'emprunteur , et la signature de la Société.

Comme disponibilité , il offre les avantages suivants :
il est négociable à ordre , il est à courte échéance, son
recouvrement est exempt de tout embarras.

Toutes les difficultés que pouvait présenter notre
nouvelle organisation ont été prévues et soigneusement
étudiées.

Nous avons dû tout d'abord nous assurer si l'endossement du billet hypothécaire transmet complétement
au tiers porteur le droit hypothécaire.

Les jurisconsultes les plus éclairés ont répondu que
ce point n'admet pas le plus léger doute.

Une jurisprudence invariable a résolu la question
d'une manière irrévocable. Le tiers porteur acquiert ,
sur l'immeuble hypothéqué, un droit aussi énergique
que s'il eût traité directement avec l'emprunteur. (1)

(1) Cette jurisprudence résulte de deux arrêts de la Cour de cassation,
l'un du 21 février 1838, l'autre du 11 juin 1839. Dans l'arrêt de 1838, le
tribunal de Dieppe avait rendu un jugement ainsi conçu : « Considérant qu'aucune disposition de loi ne s'opposant à ce que, dans une obligation notariée,
et emportant hypothèque, on puisse stipuler qu'elle sera payable au porteur,
on doit regarder une telle stipulation comme valable; considérant qu'il est
d'usage de transmettre ces obligations par simple endossement; que si, dans
l'espèce, ce ne sont pas les obligations notariées qui ont été transmises par
voie d'endossement, mais les billets à ordre, il faut reconnaître que ces billets ne faisaient, ainsi qu'il est exprimé aux obligations notariées, qu'un seul
et même acte avec ces obligations ; qu'en transportant ces billets par voie

En outre, les stipulations spéciales de nos actes sont conçues de manière à ne laisser aucune prise à la controverse.

Quelques personnes ont dit : Il est vrai que le paiement du billet hypothécaire est complétement garanti à l'échéance ; mais l'obligation du paiement anticipé ne repose que sur la signature de la Société ; c'est là un risque que court le tiers porteur.

L'objection est vraie en théorie, mais ne fallût-il tenir aucun compte des garanties morales que présente la Société par son organisation et des garanties pécuniaires qu'elle offre par son capital, qu'est-ce qu'un risque qui se réduit à voir son paiement différé de quelques mois ? D'ailleurs, nos billets, assis sur bonne hypothèque, laquelle porte intérêt à 5 % par an, pourront toujours être négociés directement par le porteur sans perte ni frais ; le caractère négociable du titre et sa solidité le maintiendront toujours à un taux avantageux. Le porteur n'a donc jamais rien à redouter.

Après nous être assurés que la position du tiers porteur de nos billets est inébranlable, nous avons dû

d'endossement D... a entendu transporter les diverses fractions des obligations avec tous les avantages qui y sont attachés, c'est-à-dire, avec la garantie hypothécaire sans aucune retenue ; qu'il importe peu que le transport n'ait pas été signifié aux débiteurs ; que cette formalité n'était pas nécessaire pour sa validité. » La Cour de Rouen ayant confirmé ce jugement en en adoptant les motifs, la Cour de cassation a rejeté le pourvoi en ces termes : attendu que la Cour royale de Rouen en jugeant, comme elle l'a fait, que le droit d'hypothèque bien et duement acquis à la créance dont les défendeurs avaient été déclarés légitimes propriétaires, appartenait, comme accessoire, à ces créanciers, cette Cour n'a violé aucune loi ; rejette, etc.

L'arrêt du 11 juin 1839 de la même Cour de cassation confirme la même doctrine.

nous préoccuper de celle des actionnaires de la Société. Tant que le crédit public se maintiendra, dira-t-on, votre institution fonctionnera sans obstacle ; mais qu'on suppose une crise commerciale, que la négociation des valeurs hypothécaires devienne impossible, son existence est forcément compromise.

Cette crainte nous a paru exagérée ; si elle était sérieuse, elle tendrait à saper par la base toute institution de crédit : une crise qui irait jusqu'à rendre impossible la négociation de valeurs aussi solides que des valeurs hypothécaires, compromettrait nécessairement les meilleures signatures commerciales et entraînerait toutes les banques dans une ruine commune. Loin d'avoir à redouter cette crise plus qu'aucun autre établissement, ce serait peut-être en ce moment que l'utilité et la solidité de notre Société apparaîtraient dans tout leur jour. Dans une crise commerciale tous les noms deviennent suspects, on ne se fie plus qu'aux choses et aux gages réels ; c'est alors que l'hypothèque est recherchée par tous ; dans une crise l'argent fuit le comptoir pour se réfugier chez le notaire. Nos billets hypothécaires offriraient alors aux écus épouvantés comme une planche de salut au milieu du naufrage. Les preneurs de nos billets qui se composent en général de capitalistes qu'aucune échéance ne presse, loin de réclamer leur remboursement, se trouveraient heureux, au milieu de l'épouvante générale, de conserver des valeurs qui les mettraient à l'abri de toute crainte.

Mais si la Société n'a pas à redouter de voir jamais son existence compromise, ne peut-elle pas craindre tout au moins de voir ses fonds paralysés par la complication des formalités judiciaires et les longueurs inséparables des recouvrements immobiliers?

C'est là une difficulté bien moins grave qu'on ne pense ; la nouvelle loi sur les ventes immobilières a de beaucoup simplifié les procédures d'exécution ; (1) le zèle de nos agens contribuera encore à en abréger les délais; les retards en cette matière proviennent beaucoup plus de la négligence des hommes que des imperfections de la loi. D'ailleurs, les expropriations sont beaucoup moins fréquentes qu'on ne l'imagine : à Marseille, le mouvement hypothécaire est d'environ 10 millions par an ; cette masse énorme d'affaires n'a donné lieu, en 1842, qu'à 28 expropriations, s'élevant ensemble à fr. 413,595; Toulon n'a compté dans le

(1) Notre système hypothécaire français et notre système d'exécution sont loin de mériter les reproches qu'on leur a adressés; si les garanties qu'ils fournissent peuvent donner matière à quelques critiques de théorie, la certitude qui en résulte en pratique est aussi complète qu'on peut le désirer dans les affaires humaines. Mais ces deux systèmes ont besoin d'être parfaitement connus par ceux qui veulent les appliquer ; c'est un bon instrument, lequel toutefois ne rend le son que sa corde recèle que sous une main habile. La plupart de ceux qui engagent leurs fonds sur hypothèque, s'imaginent que tout est fini pour eux quand leur acte est signé; c'est une erreur : la pratique du prêt hypothécaire exige une surveillance soutenue ; la plupart des mécomptes essuyés proviennent de la négligence des prêteurs ; avec de la vigilance, au contraire, les ressources que la loi offre sont immenses. La loi ne profite qu'aux vigilants, est un axiome de droit qui ne se vérifie nulle part mieux qu'en matière hypothécaire. C'est cette nécessité de surveillance qui démontre l'immense supériorité du prêt collectif sur le prêt isolé. Une société qui fait du prêt immobilier son unique affaire, son affaire de tous les jours, qui a un système de surveillance sévèrement organisé, l'emporte évidemment sur le simple capitaliste pour qui le prêt n'est qu'un accident que dérobent quelquefois à sa sollicitude d'autres affaires et d'autres préoccupations.

courant de l'année 1843 que 5 expropriations d'une valeur ensemble de 171,000 fr. C'est à peine 5 p. % sur la masse du mouvement hypothécaire; une aussi faible proportion ne peut jamais présenter un embarras sérieux.

Le seul danger véritable que la Société aurait à redouter, ce serait celui résultant de placements mal assis, mais cette chance s'attache forcément à tous établissements de crédit, sans altérer cependant en rien la confiance dont ils jouissent.

Le seul moyen de neutraliser ce risque, consiste à soumettre l'admission des emprunts à des conditions sévères d'examen.

Dans les banques commerciales, ces conditions sont les suivantes :

1° Un cercle d'opérations restreint et un chiffre limité ;

2° Un conseil d'admission impartial et éclairé.

Ces deux conditions se rencontrent dans l'organisation de notre Société :

1° Notre Société a restreint le cercle de ses opérations au département des Bouches-du-Rhône et aux départements limitrophes ; dans l'ensemble de ces départements, le chiffre des opérations à faire chaque année est limité par l'assemblée générale, de manière à ne jamais être hors de proportion avec le capital social. C'est là une disposition sage : la caisse hypothécaire de Paris avait étendu ses opérations sur la France entière et ne leur avait assigné aucune limite ; ce n'a pas été l'une des moindres causes de sa chute. Nos placements, toujours à portée, peuvent être sérieusement

étudiés dans leur principe , attentivement surveillés
pendant leur durée, strictement exécutés à leur échéance. Le chiffre restreint des opérations sociales nous permet de maintenir un juste équilibre entre les prêts et
les négociations , et rend tout embarras impossible.

2° Le conseil qui , dans toute banque commerciale,
donne son avis sur l'admission des valeurs, est rem-
placé dans‑ notre établissement par un comité con-
sultatif du contentieux , auquel est adjoint un expert
chargé d'évaluer toutes les propriétés offertes en garantie; aucune demande d'emprunt ne peut être admise,
qu'après l'avis du comité du contentieux et sur vérifica-
tion des immeubles par experts. Le comité du contentieux rédige un rapport écrit et signé, contenant l'analyse
des titres et son opinion, soit sur leur régularité, soit sur
la mesure de crédit que méritent les immeubles offerts ;
l'expert dresse pareillement un rapport signé contenant
leur évaluation ; c'est sur le vu de ce double document
que le sort de l'emprunt est fixé ; s'il est admis , les
deux rapports demeurent au dossier pour servir à ré-
diger l'acte d'emprunt , et à éclairer toute la marche
de l'opération ; ils sont communiqués à tous les porteurs de billets qui désirent connaître la valeur de
leur hypothèque et les titres sur lesquels elle repose.

Il est difficile de réunir plus de garanties ; il n'est
pas un capitaliste prêtant directement ses fonds , qui
en obtienne d'aussi complètes.

Ainsi l'idée primitive et l'organisation spéciale de
notre Société sont incontestablement bonnes ; ces deux
conditions ne suffisaient pas cependant à son succès, il
lui fallait encore venir à propos. L'opportunité est pour

la réussite de toute affaire une condition de la plus haute importance. Or, il était difficile de rencontrer, pour une société hypothécaire, un moment et un lieu mieux choisis.

Notre Société s'est formée au milieu d'une ville en progrès, qui semble obéir à un mouvement de rénovation complète. Son canal, l'Algérie, le chemin de fer, l'agrandissement de notre port, promettent à ce mouvement un long avenir; c'est là une circonstance éminemment favorable à une institution hypothécaire; les constructions nombreuses qu'exige une ville en progrès font naître chaque jour de nouveaux besoins hypothécaires; la rapide circulation des immeubles abrège la durée des emprunts et facilite la réalisation du gage; leur prix toujours croissant met à l'abri de tout mécompte. D'autre part, une ville commerciale qui prospère renferme toujours une masse de capitaux flottants, qui cherchent emploi et pour lesquels le billet hypothécaire est un placement à souhait. Ce billet offre d'autant plus d'attrait au capitaliste, qu'il y trouve à la fois et la solidité immoblière, et quelque chose de la forme commerciale à laquelle le rattachent invinciblement les habitudes de toute sa vie.

Aussi dès les premiers jours de notre existence un crédit supérieur à toutes nos espérances s'est attaché au billet hypothécaire; son taux s'est établi tout naturellement et de prime-abord au niveau des valeurs de premier ordre; de nombreux disposeurs l'ont compris, et la banque de Marseille a ratifié le suffrage public par l'accueil qu'elle à fait à celles de nos valeurs qui lui ont été présentées.

Si nos valeurs ont obtenu cours, il est facile de comprendre que les demandes d'emprunts nous ont encore moins manqué. Les emprunteurs ont trouvé dans notre établissement l'avantage de voir leurs demandes satisfaites toutes les fois que leurs garanties étaient suffisantes, celui non moins précieux d'une prompte expédition et d'une libération fractionnée suivant leurs convenances. Les capitaux destinés à un emploi prochain, comme par exemple au paiement d'immeubles à jour fixe, ont trouvé dans le billet hypothécaire un placement momentané, dont les avantages sont généralement appréciés.

Déjà notre Société a pu rendre à l'agriculture d'utiles services en lui fournissant les capitaux qu'elle réclame et en combattant dans les campagnes le fléau de l'usure ; elle est appelée à en rendre de non moins importants au commerce, en permettant, à l'avenir, l'ouverture de comptes courants immobiliers, dont l'avantage ne tardera pas à être compris.

Jusqu'à ce jour la fortune immobilière d'un négociant demeurait forcément en dehors de son commerce ; s'il voulait emprunter, ce ne pouvait être qu'avec des frais considérables, à grand bruit, à longue échéance ; il n'avait recours à cette ressource que dans des moments extrêmes, et par cela même l'usage qu'il en faisait était une cause de discrédit.

Le compte courant hypothécaire, libre de tous frais fiscaux, admettant sans embarras l'entrée et la sortie à courte échéance de toutes les sommes nécessaires aux transactions journalières ou laissées disponibles par elles, ne présentera aucun de ces inconvénients : en tout

semblable au compte courant de banque, ce sera dé—
sormais non une ressource extrême, mais uu moyen
ordinaire et courant offert au négociant d'uscr de ses
facultés immobilières. Le billet hypothécaire n'entraî-
nera pas plus de discrédit que le billet souscrit pour
achat de marchandises; et Marseille verra ainsi, en peu
d'années, toute sa fortune immobilière venir en aide à
ses opérations commerciales, et leur donner une impulsion dont il est difficile de mesurer la portée.

Si ces résultats eussent été prédits au début de nos
opérations, ils eussent peut-être été taxés d'illusions ;
aujourd'hui la pratique d'une année leur a donné la
sanction irrécusable d'une expérience accomplie.

Voici quels résultats ont été obtenus pendant la première année de notre exercice.

Le montant des prêts effectués par notre Société s'est
élevé à 1,512,402 fr. 80 c., répartis, savoir :

Dans les Bouches–du-Rhône... 1,106,973 fr. 80 c.
Dans le Var................ 119,800 20
Dans les Basses–Alpes....... 214,124 80

Les Crédits hypothécaires se sont élevés à 60,000 fr.
80 c.

Les demandes qui avaient été adressées s'éle-
vaient à un chiffre à peu près double ; il en a été
rejeté environ la moitié comme ne présentant pas de
suffisantes garanties.

Le montant des sommes remboursées avant l'é—
chéance et dans l'année, s'est élevé à 121,790 fr.

La souscription du billet hypothécaire a été générale—
lement comprise et acceptée par les emprunteurs. Sa

négociation s'est toujours faite couramment au taux de la place.

Le résumé général des opérations sociales présente à l'entrée un mouvement de fonds de 3,822,133 fr. 82 c. Sur cette somme le montant des négociations figure pour 2,871,767 fr. 90 c. qui ont produit net celle de 2,842,018 fr. 20 c.

Ces négociations ont été effectuées, savoir :

Banquiers................... F.	717,125	»
Capitalistes..................	1,245,817	90
Banque de Marseille et négociations au dehors..................	908,825	»
Total.... F.	2,871,767	90

L'ensemble de ces opérations permet à la Société de fournir à ses actionnaires tous frais payés, même ceux d'installation et de premier établissement, un dividende de 6 fr. 93 c. (1) pour cent. Tout nous fait espé-

---

(1) La Société prête invariablement au taux légal de 5 p. 0/0 par an ; lorsque la totalité de son capital se trouve engagé, elle se procure les fonds que réclament de nouvelles demandes en négociant les billets hypothécaires dont son portefeuille se trouve garni; les nouveaux billets qui entrent par le prêt remplacent les billets qui sortent par la négociation, de telle sorte que le capital social demeure toujours intact et représenté par la masse des billets en portefeuille. Les négociations que la Société a faites dans le courant de l'année ont eu lieu au taux de 3, 3 1/2 ou 4 p. 0/0 par an, suivant l'échéance plus ou moins rapprochée du remboursement. En admettant 3 1/2 comme terme moyen, c'est donc 1 1/2 o/o par an de bénéfice que la Société perçoit sur chaque prêt; ce bénéfice, sur lequel elle prélève ses frais d'administration, est pour elle le prix de la garantie qu'elle donne au preneur, et en second lieu l'indemnité à laquelle lui donne droit l'obligation qu'elle prend de rembourser par anticipation le billet hypothécaire ; c'est le représentatif de l'accroissement de valeur que reçoit le billet par la substitution d'une échéance de

rer pour les années suivantes un dividende plus élevé,

Ce dividende est le résultat de la différence entre les intérêts perçus des emprunteurs et les agios bonifiés à la négociation de nos billets.

C'est avec satisfaction que nous vous annonçons que, sur la masse d'intérêts dus à la Société, il n'y a en retard que la somme de F. 1,457 50 c. dont la rentrée prochaine est de toute certitude. Cette ponctualité dans le paiement des intérêts est pour nous une garantie anticipée de la bonté de nos placements et de leur facile réalisation à l'échéance.

De si favorables résultats démontrent évidemment l'excellence de l'institution que vous avez créée ; son succès résout le problème si long-temps discuté de l'organisation du crédit immobilier.

Mais sans les hommes les institutions ne sont rien (1);

trois mois à une échéance de trois ans. Ainsi le capital social, représenté par la masse des billets en portefeuille porte toujours intérêt à 5 p. 0/0 par an ; de plus, la Société perçoit 1 à 1 1/2 p. 0/0 par an de prime sur tous les billets en dehors. C'est au moyen de cette combinaison que la Société est parvenue à atteindre ce résultat qui, jusqu'à ce jour, avait paru impossible à obtenir à tous les écrivains qui ont traité la question, de donner 7 p. 0/0 au prêteur, en ne faisant payer que 5 p. 0/0 d'intérêt à l'emprunteur. Comme la Société a dû cette année prélever sur ses bénéfices tous ses frais de premier établissement, son dividende devra s'élever l'année prochaine à 8 p. 0/0. Ce taux ne pourra jamais être de beaucoup dépassé. Toute Société hypothécaire qui ambitionne de trop forts dividendes, se prépare d'inévitables embarras. Ce n'est pas tout que de bien organiser un établissement, il faut savoir aussi le diriger avec prudence, sagesse et modération, et c'est surtout dans les établissements de crédit que ces qualités sont d'indispensables conditions de succès.

(1) Montesquieu a dit : à l'origine ce sont les hommes qui forment l'institution, plus tard ce sont les institutions qui forment les hommes. Nulle part cette pensée ne se vérifie mieux que dans les institutions de crédit. A l'origine, ce sont les hommes qui doivent donner à l'institution le crédit dont elle a besoin ; quand elle a vécu, c'est sa bonne organisation qui doit le lui concilier.

si dès l'origine le crédit public s'est attaché à notre établissement , c'est que le public a reconnu, dans les personnes qui ont fourni à la Société l'appui de leurs capitaux et l'utile concours de leur surveillance, les plus hautes garanties d'ordre , de sagesse et de moralité.

C'est donc à vous , Messieurs , que la Société hypothécaire se plaît à faire hommage des succès qu'elle a obtenus. Le public, en effet, a vu dans notre Société non point une de ces entreprises ha—sardeuses que traversent des hommes aventureux , pour en escompter la faveur passagère ; mais , au contraire, une association de capitalistes sérieux (1) qui se sont réunis pour faire valoir leurs fonds en commun ; qui, satisfaits d'un bénéfice modéré , fon—dent toutes leurs espérances sur l'esprit d'ordre , d'économie et de bonne administration qui préside et présidera toujours à l'ensemble des opérations sociales. Ce sont ces principes qui ont dirigé notre Société pen—dant le cours de l'année qui vient de s'écouler. Ils ont servi de règle invariable à M. le Gérant, qui a prouvé, par son zèle et son intelligence, que vos intérêts ne pouvaient être confiés en de meilleures mains.

C'est en y persévérant que notre Société assurera sa prospérité intérieure , et verra grandir et se déve—lopper au dehors le crédit que lui ont concilié , dès l'origine , les noms honorables qui ont concouru à sa formation.

L'assemblée vote l'impression du rapport du co—mité du contentieux.

______

(1) Les actions souscrites sont de 25,000 fr. La plupart des intéressés en possèdent deux ; une seule a changé de main dans le cours de l'année qui vient de s'écouler.

M. le Gérant dépose le compte financier des opérations de l'année.

L'assemblée fixe à 6 fr. 93 c. pour cent le dividende à répartir sur chaque action.

L'assemblée délibère sur diverses propositions d'ordre et de surveillance intérieure.

La séance est levée.

Typographie des Hoirs Feissat aîné et Demonchy, rue Canebière, 19.